# THIS BOOK BELONGS TO

..............................................................................................................................

# DAILY
# TIME
# BOXING

**Date :** .............................................................................

## Top Priorities

| |
|---|
| |

| |
|---|
| |

| |
|---|
| |

## Brain Dump

| |
|---|
| |

|  | : 00 | : 30 |
|---|---|---|
| 5 | | |
| 6 | | |
| 7 | | |
| 8 | | |
| 9 | | |
| 10 | | |
| 11 | | |
| 12 | | |
| 1 | | |
| 2 | | |
| 3 | | |
| 4 | | |
| 5 | | |
| 6 | | |
| 7 | | |
| 8 | | |
| 9 | | |
| 10 | | |
| 11 | | |

# DAILY TIME BOXING

**Date :** ................................................................................

## Top Priorities

|  |
| --- |
|  |
|  |
|  |

## Brain Dump

|  |  |
| --- | --- |
|  :00 | :30 |
| 5 |  |  |
| 6 |  |  |
| 7 |  |  |
| 8 |  |  |
| 9 |  |  |
| 10 |  |  |
| 11 |  |  |
| 12 |  |  |
| 1 |  |  |
| 2 |  |  |
| 3 |  |  |
| 4 |  |  |
| 5 |  |  |
| 6 |  |  |
| 7 |  |  |
| 8 |  |  |
| 9 |  |  |
| 10 |  |  |
| 11 |  |  |

# DAILY TIME BOXING

## Top Priorities

| |
|---|
| |

| |
|---|
| |

| |
|---|
| |

## Brain Dump

**Date :** .................................................................................

| | : 00 | : 30 |
|---|---|---|
| 5 | | |
| 6 | | |
| 7 | | |
| 8 | | |
| 9 | | |
| 10 | | |
| 11 | | |
| 12 | | |
| 1 | | |
| 2 | | |
| 3 | | |
| 4 | | |
| 5 | | |
| 6 | | |
| 7 | | |
| 8 | | |
| 9 | | |
| 10 | | |
| 11 | | |

# DAILY TIME BOXING

**Date :** ..................................................

## Top Priorities

|   |
|---|
|   |

|   |
|---|
|   |

|   |
|---|
|   |

## Brain Dump

| | : 00 | : 30 |
|---|---|---|
| 5 | | |
| 6 | | |
| 7 | | |
| 8 | | |
| 9 | | |
| 10 | | |
| 11 | | |
| 12 | | |
| 1 | | |
| 2 | | |
| 3 | | |
| 4 | | |
| 5 | | |
| 6 | | |
| 7 | | |
| 8 | | |
| 9 | | |
| 10 | | |
| 11 | | |

# DAILY
# TIME
# BOXING

**Date :** .............................................................

## Top Priorities

|  |
|--|
|  |
|  |

## Brain Dump

|  |
|--|
|  |

|  | : 00 | : 30 |
|--|------|------|
| 5 |  |  |
| 6 |  |  |
| 7 |  |  |
| 8 |  |  |
| 9 |  |  |
| 10 |  |  |
| 11 |  |  |
| 12 |  |  |
| 1 |  |  |
| 2 |  |  |
| 3 |  |  |
| 4 |  |  |
| 5 |  |  |
| 6 |  |  |
| 7 |  |  |
| 8 |  |  |
| 9 |  |  |
| 10 |  |  |
| 11 |  |  |

# DAILY TIME BOXING

**Date :** ........................................................

## Top Priorities

|  |
|--|
|  |
|  |

## Brain Dump

| | : 00 | : 30 |
|--|--|--|
| 5 | | |
| 6 | | |
| 7 | | |
| 8 | | |
| 9 | | |
| 10 | | |
| 11 | | |
| 12 | | |
| 1 | | |
| 2 | | |
| 3 | | |
| 4 | | |
| 5 | | |
| 6 | | |
| 7 | | |
| 8 | | |
| 9 | | |
| 10 | | |
| 11 | | |

# DAILY
# TIME
# BOXING

**Date :** ......................................................................

## Top Priorities

|  |
|  |

|  |
|  |

|  |
|  |

## Brain Dump

| | : 00 | : 30 |
|---|---|---|
| 5 | | |
| 6 | | |
| 7 | | |
| 8 | | |
| 9 | | |
| 10 | | |
| 11 | | |
| 12 | | |
| 1 | | |
| 2 | | |
| 3 | | |
| 4 | | |
| 5 | | |
| 6 | | |
| 7 | | |
| 8 | | |
| 9 | | |
| 10 | | |
| 11 | | |

# DAILY TIME BOXING

**Date :** .............................................................................

## Top Priorities

|  |
|--|
|  |
|  |
|  |

## Brain Dump

|  |
|--|
|  |

| | : 00 | : 30 |
|---|---|---|
| 5 | | |
| 6 | | |
| 7 | | |
| 8 | | |
| 9 | | |
| 10 | | |
| 11 | | |
| 12 | | |
| 1 | | |
| 2 | | |
| 3 | | |
| 4 | | |
| 5 | | |
| 6 | | |
| 7 | | |
| 8 | | |
| 9 | | |
| 10 | | |
| 11 | | |

# DAILY
# TIME
# BOXING

**Date :** ........................................................................

## Top Priorities

|  |
|---|
|  |
|  |
|  |

## Brain Dump

|  |  |  |
|---|---|---|
| | **: 00** | **: 30** |
| 5 | | |
| 6 | | |
| 7 | | |
| 8 | | |
| 9 | | |
| 10 | | |
| 11 | | |
| 12 | | |
| 1 | | |
| 2 | | |
| 3 | | |
| 4 | | |
| 5 | | |
| 6 | | |
| 7 | | |
| 8 | | |
| 9 | | |
| 10 | | |
| 11 | | |

# DAILY TIME BOXING

**Date :** ..................................................................

## Top Priorities

| |
|---|
| |

| |
|---|
| |

| |
|---|
| |

## Brain Dump

| | : 00 | : 30 |
|---|---|---|
| 5 | | |
| 6 | | |
| 7 | | |
| 8 | | |
| 9 | | |
| 10 | | |
| 11 | | |
| 12 | | |
| 1 | | |
| 2 | | |
| 3 | | |
| 4 | | |
| 5 | | |
| 6 | | |
| 7 | | |
| 8 | | |
| 9 | | |
| 10 | | |
| 11 | | |

# DAILY
# TIME
# BOXING

**Date :** .............................................

## Top Priorities

|  |
|--|
|  |
|  |

## Brain Dump

|  |
|--|

| | : 00 | : 30 |
|---|---|---|
| 5 | | |
| 6 | | |
| 7 | | |
| 8 | | |
| 9 | | |
| 10 | | |
| 11 | | |
| 12 | | |
| 1 | | |
| 2 | | |
| 3 | | |
| 4 | | |
| 5 | | |
| 6 | | |
| 7 | | |
| 8 | | |
| 9 | | |
| 10 | | |
| 11 | | |

# DAILY TIME BOXING

**Date :** ......................................................................

## Top Priorities

|  |
|---|
|  |

|  |
|---|
|  |

|  |
|---|
|  |

## Brain Dump

|  |
|---|
|  |

| | : 00 | : 30 |
|---|---|---|
| 5 | | |
| 6 | | |
| 7 | | |
| 8 | | |
| 9 | | |
| 10 | | |
| 11 | | |
| 12 | | |
| 1 | | |
| 2 | | |
| 3 | | |
| 4 | | |
| 5 | | |
| 6 | | |
| 7 | | |
| 8 | | |
| 9 | | |
| 10 | | |
| 11 | | |

# DAILY TIME BOXING

**Date :** ................................................................

## Top Priorities

|  |
|---|
|  |
|  |

## Brain Dump

|  | : 00 | : 30 |
|---|---|---|
| 5 |  |  |
| 6 |  |  |
| 7 |  |  |
| 8 |  |  |
| 9 |  |  |
| 10 |  |  |
| 11 |  |  |
| 12 |  |  |
| 1 |  |  |
| 2 |  |  |
| 3 |  |  |
| 4 |  |  |
| 5 |  |  |
| 6 |  |  |
| 7 |  |  |
| 8 |  |  |
| 9 |  |  |
| 10 |  |  |
| 11 |  |  |

# DAILY TIME BOXING

**Date :** ..............................................................

## Top Priorities

| |
|---|
| |

| |
|---|
| |

| |
|---|
| |

## Brain Dump

| | : 00 | : 30 |
|---|---|---|
| 5 | | |
| 6 | | |
| 7 | | |
| 8 | | |
| 9 | | |
| 10 | | |
| 11 | | |
| 12 | | |
| 1 | | |
| 2 | | |
| 3 | | |
| 4 | | |
| 5 | | |
| 6 | | |
| 7 | | |
| 8 | | |
| 9 | | |
| 10 | | |
| 11 | | |

# DAILY TIME BOXING

**Date :** ..................................................

## Top Priorities

|  |
|---|
|  |

|  |
|---|
|  |

|  |
|---|
|  |

## Brain Dump

|  |
|---|
|  |

|  | : 00 | : 30 |
|---|---|---|
| 5 |  |  |
| 6 |  |  |
| 7 |  |  |
| 8 |  |  |
| 9 |  |  |
| 10 |  |  |
| 11 |  |  |
| 12 |  |  |
| 1 |  |  |
| 2 |  |  |
| 3 |  |  |
| 4 |  |  |
| 5 |  |  |
| 6 |  |  |
| 7 |  |  |
| 8 |  |  |
| 9 |  |  |
| 10 |  |  |
| 11 |  |  |

# DAILY
# TIME
# BOXING

**Date :** .....................................................

## Top Priorities

|  |
|---|
|  |

|  |
|---|
|  |

|  |
|---|
|  |

## Brain Dump

|  |
|---|
|  |

| | : 00 | : 30 |
|---|---|---|
| 5 | | |
| 6 | | |
| 7 | | |
| 8 | | |
| 9 | | |
| 10 | | |
| 11 | | |
| 12 | | |
| 1 | | |
| 2 | | |
| 3 | | |
| 4 | | |
| 5 | | |
| 6 | | |
| 7 | | |
| 8 | | |
| 9 | | |
| 10 | | |
| 11 | | |

# DAILY TIME BOXING

**Date :** .................................................................

## Top Priorities

| |
| --- |
| |

| |
| --- |
| |

| |
| --- |
| |

## Brain Dump

|  |  | : 00 | : 30 |
| --- | --- | --- | --- |
| | 5 | | |
| | 6 | | |
| | 7 | | |
| | 8 | | |
| | 9 | | |
| | 10 | | |
| | 11 | | |
| | 12 | | |
| | 1 | | |
| | 2 | | |
| | 3 | | |
| | 4 | | |
| | 5 | | |
| | 6 | | |
| | 7 | | |
| | 8 | | |
| | 9 | | |
| | 10 | | |
| | 11 | | |

# DAILY TIME BOXING

**Date :** ...............................................................................

## Top Priorities

| |
|---|
| |

| |
|---|
| |

| |
|---|
| |

## Brain Dump

| : 00 | : 30 |
|---|---|
| **5** | |
| **6** | |
| **7** | |
| **8** | |
| **9** | |
| **10** | |
| **11** | |
| **12** | |
| **1** | |
| **2** | |
| **3** | |
| **4** | |
| **5** | |
| **6** | |
| **7** | |
| **8** | |
| **9** | |
| **10** | |
| **11** | |

# DAILY TIME BOXING

**Date :** ........................................................

## Top Priorities

| |
|---|
| |

| |
|---|
| |

| |
|---|
| |

## Brain Dump

|   | : 00 | : 30 |
|---|------|------|
| 5 | | |
| 6 | | |
| 7 | | |
| 8 | | |
| 9 | | |
| 10 | | |
| 11 | | |
| 12 | | |
| 1 | | |
| 2 | | |
| 3 | | |
| 4 | | |
| 5 | | |
| 6 | | |
| 7 | | |
| 8 | | |
| 9 | | |
| 10 | | |
| 11 | | |

# DAILY TIME BOXING

**Date :** .................................................................................

## Top Priorities

|  |
|--|
|  |

|  |
|--|
|  |

|  |
|--|
|  |

## Brain Dump

|  |
|--|
|  |

| | : 00 | : 30 |
|---|---|---|
| 5 | | |
| 6 | | |
| 7 | | |
| 8 | | |
| 9 | | |
| 10 | | |
| 11 | | |
| 12 | | |
| 1 | | |
| 2 | | |
| 3 | | |
| 4 | | |
| 5 | | |
| 6 | | |
| 7 | | |
| 8 | | |
| 9 | | |
| 10 | | |
| 11 | | |

# DAILY
# TIME
# BOXING

**Date :** ................................

## Top Priorities

|  |
|---|
|  |

|  |
|---|
|  |

|  |
|---|
|  |

## Brain Dump

|              | : 00 | : 30 |
|--------------|------|------|
| 5            |      |      |
| 6            |      |      |
| 7            |      |      |
| 8            |      |      |
| 9            |      |      |
| 10           |      |      |
| 11           |      |      |
| 12           |      |      |
| 1            |      |      |
| 2            |      |      |
| 3            |      |      |
| 4            |      |      |
| 5            |      |      |
| 6            |      |      |
| 7            |      |      |
| 8            |      |      |
| 9            |      |      |
| 10           |      |      |
| 11           |      |      |

# DAILY TIME BOXING

Date : ...................................................................

## Top Priorities

|  |
|  |

|  |
|  |

|  |
|  |

## Brain Dump

|  |
|  |

| | : 00 | : 30 |
|---|---|---|
| 5 | | |
| 6 | | |
| 7 | | |
| 8 | | |
| 9 | | |
| 10 | | |
| 11 | | |
| 12 | | |
| 1 | | |
| 2 | | |
| 3 | | |
| 4 | | |
| 5 | | |
| 6 | | |
| 7 | | |
| 8 | | |
| 9 | | |
| 10 | | |
| 11 | | |

# DAILY
# TIME
# BOXING

**Date :** ........................................................

## Top Priorities

|  |
|--|
|  |

|  |
|--|
|  |

|  |
|--|
|  |

## Brain Dump

|  |
|--|
|  |

| | : 00 | : 30 |
|---|---|---|
| 5 | | |
| 6 | | |
| 7 | | |
| 8 | | |
| 9 | | |
| 10 | | |
| 11 | | |
| 12 | | |
| 1 | | |
| 2 | | |
| 3 | | |
| 4 | | |
| 5 | | |
| 6 | | |
| 7 | | |
| 8 | | |
| 9 | | |
| 10 | | |
| 11 | | |

# DAILY
# TIME
# BOXING

**Date :** .................................................................................

## Top Priorities

|  |
|--|
|  |

|  |
|--|
|  |

|  |
|--|
|  |

## Brain Dump

|  |
|--|
|  |

| | : 00 | : 30 |
|---|---|---|
| 5 | | |
| 6 | | |
| 7 | | |
| 8 | | |
| 9 | | |
| 10 | | |
| 11 | | |
| 12 | | |
| 1 | | |
| 2 | | |
| 3 | | |
| 4 | | |
| 5 | | |
| 6 | | |
| 7 | | |
| 8 | | |
| 9 | | |
| 10 | | |
| 11 | | |

# DAILY
# TIME
# BOXING

**Date :** ...................................................

## Top Priorities

| |
|---|
| |

| |
|---|
| |

| |
|---|
| |

## Brain Dump

|  | : 00 | : 30 |
|---|---|---|
| 5 | | |
| 6 | | |
| 7 | | |
| 8 | | |
| 9 | | |
| 10 | | |
| 11 | | |
| 12 | | |
| 1 | | |
| 2 | | |
| 3 | | |
| 4 | | |
| 5 | | |
| 6 | | |
| 7 | | |
| 8 | | |
| 9 | | |
| 10 | | |
| 11 | | |

# DAILY
# TIME
# BOXING

**Date :** .................................................

## Top Priorities

| |
|---|
| |

| |
|---|
| |

| |
|---|
| |

## Brain Dump

| | : 00 | : 30 |
|---|---|---|
| 5 | | |
| 6 | | |
| 7 | | |
| 8 | | |
| 9 | | |
| 10 | | |
| 11 | | |
| 12 | | |
| 1 | | |
| 2 | | |
| 3 | | |
| 4 | | |
| 5 | | |
| 6 | | |
| 7 | | |
| 8 | | |
| 9 | | |
| 10 | | |
| 11 | | |

# DAILY TIME BOXING

**Date :** ...................................................................

## Top Priorities

|  |
|---|
|  |

|  |
|---|
|  |

|  |
|---|
|  |

## Brain Dump

|  |  |
|---|---|
|  | **: 00** | **: 30** |
| 5 |  |  |
| 6 |  |  |
| 7 |  |  |
| 8 |  |  |
| 9 |  |  |
| 10 |  |  |
| 11 |  |  |
| 12 |  |  |
| 1 |  |  |
| 2 |  |  |
| 3 |  |  |
| 4 |  |  |
| 5 |  |  |
| 6 |  |  |
| 7 |  |  |
| 8 |  |  |
| 9 |  |  |
| 10 |  |  |
| 11 |  |  |

# DAILY TIME BOXING

**Date :** ..................................................................................

## Top Priorities

| |
|---|
| |

| |
|---|
| |

| |
|---|
| |

## Brain Dump

_____

_____

_____

_____

_____

_____

_____

_____

_____

_____

_____

_____

_____

_____

_____

_____

_____

_____

_____

_____

_____

|  | : 00 | : 30 |
|----|------|------|
| 5  |      |      |
| 6  |      |      |
| 7  |      |      |
| 8  |      |      |
| 9  |      |      |
| 10 |      |      |
| 11 |      |      |
| 12 |      |      |
| 1  |      |      |
| 2  |      |      |
| 3  |      |      |
| 4  |      |      |
| 5  |      |      |
| 6  |      |      |
| 7  |      |      |
| 8  |      |      |
| 9  |      |      |
| 10 |      |      |
| 11 |      |      |

# DAILY
# TIME
# BOXING

**Date :** ...............................................

## Top Priorities

|  |
| --- |
|  |
|  |

## Brain Dump

|  |
| --- |

|  | : 00 | : 30 |
| --- | --- | --- |
| 5 |  |  |
| 6 |  |  |
| 7 |  |  |
| 8 |  |  |
| 9 |  |  |
| 10 |  |  |
| 11 |  |  |
| 12 |  |  |
| 1 |  |  |
| 2 |  |  |
| 3 |  |  |
| 4 |  |  |
| 5 |  |  |
| 6 |  |  |
| 7 |  |  |
| 8 |  |  |
| 9 |  |  |
| 10 |  |  |
| 11 |  |  |

# DAILY TIME BOXING

**Date :** ...................................................

## Top Priorities

| |
|---|
| |

| |
|---|
| |

| |
|---|
| |

## Brain Dump

_____

_____

_____

_____

_____

_____

_____

_____

_____

_____

_____

_____

_____

_____

_____

_____

_____

| | : 00 | : 30 |
|---|---|---|
| 5 | | |
| 6 | | |
| 7 | | |
| 8 | | |
| 9 | | |
| 10 | | |
| 11 | | |
| 12 | | |
| 1 | | |
| 2 | | |
| 3 | | |
| 4 | | |
| 5 | | |
| 6 | | |
| 7 | | |
| 8 | | |
| 9 | | |
| 10 | | |
| 11 | | |

# DAILY
# TIME
# BOXING

**Date :** .....................................................

## Top Priorities

|  |
|  |

|  |
|  |

|  |
|  |

## Brain Dump

|  |  |  |
|---|---|---|
|  | : 00 | : 30 |
| 5 |  |  |
| 6 |  |  |
| 7 |  |  |
| 8 |  |  |
| 9 |  |  |
| 10 |  |  |
| 11 |  |  |
| 12 |  |  |
| 1 |  |  |
| 2 |  |  |
| 3 |  |  |
| 4 |  |  |
| 5 |  |  |
| 6 |  |  |
| 7 |  |  |
| 8 |  |  |
| 9 |  |  |
| 10 |  |  |
| 11 |  |  |

# DAILY TIME BOXING

**Date :** ........................................................

## Top Priorities

|  |
|---|
|  |

|  |
|---|
|  |

|  |
|---|
|  |

## Brain Dump

|  |
|---|
|  |

| | : 00 | : 30 |
|---|---|---|
| 5 | | |
| 6 | | |
| 7 | | |
| 8 | | |
| 9 | | |
| 10 | | |
| 11 | | |
| 12 | | |
| 1 | | |
| 2 | | |
| 3 | | |
| 4 | | |
| 5 | | |
| 6 | | |
| 7 | | |
| 8 | | |
| 9 | | |
| 10 | | |
| 11 | | |

# DAILY
# TIME
# BOXING

**Date :** ........................................................

## Top Priorities

|  |
|--|
|  |
|  |

## Brain Dump

| | : 00 | : 30 |
|---|---|---|
| 5 | | |
| 6 | | |
| 7 | | |
| 8 | | |
| 9 | | |
| 10 | | |
| 11 | | |
| 12 | | |
| 1 | | |
| 2 | | |
| 3 | | |
| 4 | | |
| 5 | | |
| 6 | | |
| 7 | | |
| 8 | | |
| 9 | | |
| 10 | | |
| 11 | | |

# DAILY TIME BOXING

**Date :** ............................................................

## Top Priorities

|  |
|--|
|  |

|  |
|--|
|  |

|  |
|--|
|  |

## Brain Dump

|  |
|--|
|  |

| | : 00 | : 30 |
|---|---|---|
| 5 | | |
| 6 | | |
| 7 | | |
| 8 | | |
| 9 | | |
| 10 | | |
| 11 | | |
| 12 | | |
| 1 | | |
| 2 | | |
| 3 | | |
| 4 | | |
| 5 | | |
| 6 | | |
| 7 | | |
| 8 | | |
| 9 | | |
| 10 | | |
| 11 | | |

# DAILY
# TIME
# BOXING

**Date :** ...........................................................

## Top Priorities

| | :00 | :30 |
|---|---|---|
| 5 | | |
| 6 | | |
| 7 | | |
| 8 | | |
| 9 | | |
| 10 | | |
| 11 | | |
| 12 | | |
| 1 | | |
| 2 | | |
| 3 | | |
| 4 | | |
| 5 | | |
| 6 | | |
| 7 | | |
| 8 | | |
| 9 | | |
| 10 | | |
| 11 | | |

## Brain Dump

# DAILY
# TIME
# BOXING

**Date :** .........................................................

## Top Priorities

|  |
| --- |
|  |

|  |
| --- |
|  |

|  |
| --- |
|  |

## Brain Dump

|  |
| --- |
|  |

| | : 00 | : 30 |
| --- | --- | --- |
| 5 | | |
| 6 | | |
| 7 | | |
| 8 | | |
| 9 | | |
| 10 | | |
| 11 | | |
| 12 | | |
| 1 | | |
| 2 | | |
| 3 | | |
| 4 | | |
| 5 | | |
| 6 | | |
| 7 | | |
| 8 | | |
| 9 | | |
| 10 | | |
| 11 | | |

# DAILY
# TIME
# BOXING

**Date :** ...................................................................

## Top Priorities

|  |
|--|
|  |

|  |
|--|
|  |

|  |
|--|
|  |

## Brain Dump

|  |
|--|
|  |

| | : 00 | : 30 |
|---|---|---|
| 5 | | |
| 6 | | |
| 7 | | |
| 8 | | |
| 9 | | |
| 10 | | |
| 11 | | |
| 12 | | |
| 1 | | |
| 2 | | |
| 3 | | |
| 4 | | |
| 5 | | |
| 6 | | |
| 7 | | |
| 8 | | |
| 9 | | |
| 10 | | |
| 11 | | |

# DAILY TIME BOXING

**Date :** ..................................................................

## Top Priorities

|  |
|--|
|  |
|  |

## Brain Dump

| | : 00 | : 30 |
|---|---|---|
| 5 | | |
| 6 | | |
| 7 | | |
| 8 | | |
| 9 | | |
| 10 | | |
| 11 | | |
| 12 | | |
| 1 | | |
| 2 | | |
| 3 | | |
| 4 | | |
| 5 | | |
| 6 | | |
| 7 | | |
| 8 | | |
| 9 | | |
| 10 | | |
| 11 | | |

# DAILY
# TIME
# BOXING

**Date :** ..............................................

## Top Priorities

| |
|---|
| |

| |
|---|
| |

| |
|---|
| |

## Brain Dump

|                                      :00                      :30       |
|------|------------------------------|------------------------------|
| 5    |                              |                              |
| 6    |                              |                              |
| 7    |                              |                              |
| 8    |                              |                              |
| 9    |                              |                              |
| 10   |                              |                              |
| 11   |                              |                              |
| 12   |                              |                              |
| 1    |                              |                              |
| 2    |                              |                              |
| 3    |                              |                              |
| 4    |                              |                              |
| 5    |                              |                              |
| 6    |                              |                              |
| 7    |                              |                              |
| 8    |                              |                              |
| 9    |                              |                              |
| 10   |                              |                              |
| 11   |                              |                              |

# DAILY TIME BOXING

**Date :** .................................................

## Top Priorities

|  |
|--|
|  |
|  |

## Brain Dump

|  :00 |  :30 |
|------|------|
| **5** | |
| **6** | |
| **7** | |
| **8** | |
| **9** | |
| **10** | |
| **11** | |
| **12** | |
| **1** | |
| **2** | |
| **3** | |
| **4** | |
| **5** | |
| **6** | |
| **7** | |
| **8** | |
| **9** | |
| **10** | |
| **11** | |

# DAILY
# TIME
# BOXING

**Date :** ...............................................................

## Top Priorities

|  |
|--|
|  |

|  |
|--|
|  |

|  |
|--|
|  |

## Brain Dump

|  |
|--|
|  |

|     | : 00 | : 30 |
|-----|------|------|
| 5   |      |      |
| 6   |      |      |
| 7   |      |      |
| 8   |      |      |
| 9   |      |      |
| 10  |      |      |
| 11  |      |      |
| 12  |      |      |
| 1   |      |      |
| 2   |      |      |
| 3   |      |      |
| 4   |      |      |
| 5   |      |      |
| 6   |      |      |
| 7   |      |      |
| 8   |      |      |
| 9   |      |      |
| 10  |      |      |
| 11  |      |      |

# DAILY
# TIME
# BOXING

**Date :** ......................................................

## Top Priorities

|  |
| --- |
|  |

|  |
| --- |
|  |

|  |
| --- |
|  |

## Brain Dump

|  |
| --- |
|  |

| | : 00 | : 30 |
| --- | --- | --- |
| 5 | | |
| 6 | | |
| 7 | | |
| 8 | | |
| 9 | | |
| 10 | | |
| 11 | | |
| 12 | | |
| 1 | | |
| 2 | | |
| 3 | | |
| 4 | | |
| 5 | | |
| 6 | | |
| 7 | | |
| 8 | | |
| 9 | | |
| 10 | | |
| 11 | | |

# DAILY TIME BOXING

**Date :** ..............................................

## Top Priorities

| |
|---|
| |

| |
|---|
| |

| |
|---|
| |

## Brain Dump

| | : 00 | : 30 |
|---|---|---|
| 5 | | |
| 6 | | |
| 7 | | |
| 8 | | |
| 9 | | |
| 10 | | |
| 11 | | |
| 12 | | |
| 1 | | |
| 2 | | |
| 3 | | |
| 4 | | |
| 5 | | |
| 6 | | |
| 7 | | |
| 8 | | |
| 9 | | |
| 10 | | |
| 11 | | |

# DAILY
# TIME
# BOXING

Date : ......................................................

## Top Priorities

|  |
|---|
|  |

|  |
|---|
|  |

|  |
|---|
|  |

## Brain Dump

|                                                    |
|----------------------------------------------------|
|                                                    |

| | : 00 | : 30 |
|---|---|---|
| 5 | | |
| 6 | | |
| 7 | | |
| 8 | | |
| 9 | | |
| 10 | | |
| 11 | | |
| 12 | | |
| 1 | | |
| 2 | | |
| 3 | | |
| 4 | | |
| 5 | | |
| 6 | | |
| 7 | | |
| 8 | | |
| 9 | | |
| 10 | | |
| 11 | | |

# DAILY
# TIME
# BOXING

**Date :** ......................................................................

## Top Priorities

| |
|---|
| |
| |
| |

## Brain Dump

| : 00 | : 30 |
|---|---|

| | : 00 | : 30 |
|---|---|---|
| 5 | | |
| 6 | | |
| 7 | | |
| 8 | | |
| 9 | | |
| 10 | | |
| 11 | | |
| 12 | | |
| 1 | | |
| 2 | | |
| 3 | | |
| 4 | | |
| 5 | | |
| 6 | | |
| 7 | | |
| 8 | | |
| 9 | | |
| 10 | | |
| 11 | | |

# DAILY TIME BOXING

**Date :** ........................................................................

## Top Priorities

|  |
| --- |
|  |
|  |
|  |

## Brain Dump

|  |
| --- |

|  | : 00 | : 30 |
| --- | --- | --- |
| 5 |  |  |
| 6 |  |  |
| 7 |  |  |
| 8 |  |  |
| 9 |  |  |
| 10 |  |  |
| 11 |  |  |
| 12 |  |  |
| 1 |  |  |
| 2 |  |  |
| 3 |  |  |
| 4 |  |  |
| 5 |  |  |
| 6 |  |  |
| 7 |  |  |
| 8 |  |  |
| 9 |  |  |
| 10 |  |  |
| 11 |  |  |

# DAILY
# TIME
# BOXING

**Date :** ............................................................

## Top Priorities

|  |
|--|
|  |

|  |
|--|
|  |

|  |
|--|
|  |

## Brain Dump

|                        |          |          |
|------------------------|----------|----------|
|                        | : 00     | : 30     |
| 5                      |          |          |
| 6                      |          |          |
| 7                      |          |          |
| 8                      |          |          |
| 9                      |          |          |
| 10                     |          |          |
| 11                     |          |          |
| 12                     |          |          |
| 1                      |          |          |
| 2                      |          |          |
| 3                      |          |          |
| 4                      |          |          |
| 5                      |          |          |
| 6                      |          |          |
| 7                      |          |          |
| 8                      |          |          |
| 9                      |          |          |
| 10                     |          |          |
| 11                     |          |          |

# DAILY TIME BOXING

**Date :** .................................................................

## Top Priorities

|  |
|--|
|  |

|  |
|--|
|  |

|  |
|--|
|  |

## Brain Dump

| | : 00 | : 30 |
|---|---|---|
| 5 | | |
| 6 | | |
| 7 | | |
| 8 | | |
| 9 | | |
| 10 | | |
| 11 | | |
| 12 | | |
| 1 | | |
| 2 | | |
| 3 | | |
| 4 | | |
| 5 | | |
| 6 | | |
| 7 | | |
| 8 | | |
| 9 | | |
| 10 | | |
| 11 | | |

# DAILY
# TIME
# BOXING

**Date :** ..............................................

## Top Priorities

|  |
|  |

|  |

|  |

## Brain Dump

| | : 00 | : 30 |
|---|---|---|
| 5 | | |
| 6 | | |
| 7 | | |
| 8 | | |
| 9 | | |
| 10 | | |
| 11 | | |
| 12 | | |
| 1 | | |
| 2 | | |
| 3 | | |
| 4 | | |
| 5 | | |
| 6 | | |
| 7 | | |
| 8 | | |
| 9 | | |
| 10 | | |
| 11 | | |

# DAILY TIME BOXING

**Date :** .................................................

## Top Priorities

|  |
|--|
|  |

|  |
|--|
|  |

|  |
|--|
|  |

## Brain Dump

| | :00 | :30 |
|--|--|--|
| 5 | | |
| 6 | | |
| 7 | | |
| 8 | | |
| 9 | | |
| 10 | | |
| 11 | | |
| 12 | | |
| 1 | | |
| 2 | | |
| 3 | | |
| 4 | | |
| 5 | | |
| 6 | | |
| 7 | | |
| 8 | | |
| 9 | | |
| 10 | | |
| 11 | | |

# DAILY
# TIME
# BOXING

**Date :** ..................................................

## Top Priorities

| |
|---|
| |
| |
| |

## Brain Dump

|  | : 00 | : 30 |
|---|---|---|
| 5 | | |
| 6 | | |
| 7 | | |
| 8 | | |
| 9 | | |
| 10 | | |
| 11 | | |
| 12 | | |
| 1 | | |
| 2 | | |
| 3 | | |
| 4 | | |
| 5 | | |
| 6 | | |
| 7 | | |
| 8 | | |
| 9 | | |
| 10 | | |
| 11 | | |

# DAILY TIME BOXING

## Top Priorities

|  |
|---|
|  |

|  |
|---|
|  |

|  |
|---|
|  |

## Brain Dump

Date : ...............................................

|  | : 00 | : 30 |
|---|---|---|
| 5 |  |  |
| 6 |  |  |
| 7 |  |  |
| 8 |  |  |
| 9 |  |  |
| 10 |  |  |
| 11 |  |  |
| 12 |  |  |
| 1 |  |  |
| 2 |  |  |
| 3 |  |  |
| 4 |  |  |
| 5 |  |  |
| 6 |  |  |
| 7 |  |  |
| 8 |  |  |
| 9 |  |  |
| 10 |  |  |
| 11 |  |  |

# DAILY
# TIME
# BOXING

**Date :** ................................................................

## Top Priorities

|  |
|--|
|  |
|  |

## Brain Dump

|        | : 00 | : 30 |
|--------|------|------|
| 5      |      |      |
| 6      |      |      |
| 7      |      |      |
| 8      |      |      |
| 9      |      |      |
| 10     |      |      |
| 11     |      |      |
| 12     |      |      |
| 1      |      |      |
| 2      |      |      |
| 3      |      |      |
| 4      |      |      |
| 5      |      |      |
| 6      |      |      |
| 7      |      |      |
| 8      |      |      |
| 9      |      |      |
| 10     |      |      |
| 11     |      |      |

# DAILY
# TIME
# BOXING

**Date :** ............................................................

## Top Priorities

|  |
|---|
|  |

|  |
|---|
|  |

|  |
|---|
|  |

## Brain Dump

|  |
|---|
|  |

| | : 00 | : 30 |
|---|---|---|
| 5 | | |
| 6 | | |
| 7 | | |
| 8 | | |
| 9 | | |
| 10 | | |
| 11 | | |
| 12 | | |
| 1 | | |
| 2 | | |
| 3 | | |
| 4 | | |
| 5 | | |
| 6 | | |
| 7 | | |
| 8 | | |
| 9 | | |
| 10 | | |
| 11 | | |

# DAILY
# TIME
# BOXING

**Date :** ................................................

## Top Priorities

|  |
| --- |
|  |

|  |
| --- |
|  |

|  |
| --- |
|  |

## Brain Dump

|  |  |
| --- | --- |
|  |  |

|  | : 00 | : 30 |
| --- | --- | --- |
| 5 |  |  |
| 6 |  |  |
| 7 |  |  |
| 8 |  |  |
| 9 |  |  |
| 10 |  |  |
| 11 |  |  |
| 12 |  |  |
| 1 |  |  |
| 2 |  |  |
| 3 |  |  |
| 4 |  |  |
| 5 |  |  |
| 6 |  |  |
| 7 |  |  |
| 8 |  |  |
| 9 |  |  |
| 10 |  |  |
| 11 |  |  |

# DAILY
# TIME
# BOXING

**Date :** ........................................

## Top Priorities

|  |
|---|
|  |

|  |
|---|
|  |

|  |
|---|
|  |

## Brain Dump

| | : 00 | : 30 |
|---|---|---|
| 5 | | |
| 6 | | |
| 7 | | |
| 8 | | |
| 9 | | |
| 10 | | |
| 11 | | |
| 12 | | |
| 1 | | |
| 2 | | |
| 3 | | |
| 4 | | |
| 5 | | |
| 6 | | |
| 7 | | |
| 8 | | |
| 9 | | |
| 10 | | |
| 11 | | |

# DAILY
# TIME
# BOXING

**Date :** .............................................................................

## Top Priorities

|  |
|---|

|  |
|---|

|  |
|---|

## Brain Dump

| | : 00 | : 30 |
|---|---|---|
| 5 | | |
| 6 | | |
| 7 | | |
| 8 | | |
| 9 | | |
| 10 | | |
| 11 | | |
| 12 | | |
| 1 | | |
| 2 | | |
| 3 | | |
| 4 | | |
| 5 | | |
| 6 | | |
| 7 | | |
| 8 | | |
| 9 | | |
| 10 | | |
| 11 | | |

# DAILY
# TIME
# BOXING

Date : ...............................................

## Top Priorities

|  |
|---|
|  |
|  |

## Brain Dump

| | : 00 | : 30 |
|---|---|---|
| 5 | | |
| 6 | | |
| 7 | | |
| 8 | | |
| 9 | | |
| 10 | | |
| 11 | | |
| 12 | | |
| 1 | | |
| 2 | | |
| 3 | | |
| 4 | | |
| 5 | | |
| 6 | | |
| 7 | | |
| 8 | | |
| 9 | | |
| 10 | | |
| 11 | | |

# DAILY TIME BOXING

**Date :** ........................................................................

## Top Priorities

| |
|---|
| |

| |
|---|
| |

| |
|---|
| |

## Brain Dump

|  | : 00 | : 30 |
|---|---|---|
| 5 | | |
| 6 | | |
| 7 | | |
| 8 | | |
| 9 | | |
| 10 | | |
| 11 | | |
| 12 | | |
| 1 | | |
| 2 | | |
| 3 | | |
| 4 | | |
| 5 | | |
| 6 | | |
| 7 | | |
| 8 | | |
| 9 | | |
| 10 | | |
| 11 | | |

# DAILY
# TIME
# BOXING

**Date :** ................................................................

## Top Priorities

|  |
| --- |
|  |

|  |
| --- |
|  |

|  |
| --- |
|  |

## Brain Dump

|  |
| --- |
|  |

|  | : 00 | : 30 |
| --- | --- | --- |
| 5 |  |  |
| 6 |  |  |
| 7 |  |  |
| 8 |  |  |
| 9 |  |  |
| 10 |  |  |
| 11 |  |  |
| 12 |  |  |
| 1 |  |  |
| 2 |  |  |
| 3 |  |  |
| 4 |  |  |
| 5 |  |  |
| 6 |  |  |
| 7 |  |  |
| 8 |  |  |
| 9 |  |  |
| 10 |  |  |
| 11 |  |  |

# DAILY TIME BOXING

**Date :** ................................................

## Top Priorities

| |
|---|
| |

| |
|---|
| |

| |
|---|
| |

## Brain Dump

|  | : 00 | : 30 |
|---|---|---|
| 5 | | |
| 6 | | |
| 7 | | |
| 8 | | |
| 9 | | |
| 10 | | |
| 11 | | |
| 12 | | |
| 1 | | |
| 2 | | |
| 3 | | |
| 4 | | |
| 5 | | |
| 6 | | |
| 7 | | |
| 8 | | |
| 9 | | |
| 10 | | |
| 11 | | |

# DAILY
# TIME
# BOXING

**Date :** .................................................................

## Top Priorities

|  |
|--|
|  |
|  |

## Brain Dump

| | : 00 | : 30 |
|---|---|---|
| 5 | | |
| 6 | | |
| 7 | | |
| 8 | | |
| 9 | | |
| 10 | | |
| 11 | | |
| 12 | | |
| 1 | | |
| 2 | | |
| 3 | | |
| 4 | | |
| 5 | | |
| 6 | | |
| 7 | | |
| 8 | | |
| 9 | | |
| 10 | | |
| 11 | | |

# DAILY TIME BOXING

Date : ............................................................

|  | : 00 | : 30 |
|---|---|---|
| 5 | | |
| 6 | | |
| 7 | | |
| 8 | | |
| 9 | | |
| 10 | | |
| 11 | | |
| 12 | | |
| 1 | | |
| 2 | | |
| 3 | | |
| 4 | | |
| 5 | | |
| 6 | | |
| 7 | | |
| 8 | | |
| 9 | | |
| 10 | | |
| 11 | | |

## Top Priorities

## Brain Dump

# DAILY TIME BOXING

**Date :** ................................................................

## Top Priorities

|  |
|--|
|  |

|  |
|--|
|  |

|  |
|--|
|  |

## Brain Dump

| | :00 | :30 |
|---|---|---|
| 5 | | |
| 6 | | |
| 7 | | |
| 8 | | |
| 9 | | |
| 10 | | |
| 11 | | |
| 12 | | |
| 1 | | |
| 2 | | |
| 3 | | |
| 4 | | |
| 5 | | |
| 6 | | |
| 7 | | |
| 8 | | |
| 9 | | |
| 10 | | |
| 11 | | |

# DAILY
# TIME
# BOXING

**Date :** ................................................................

## Top Priorities

| |
|---|
| |
| |
| |

## Brain Dump

| | : 00 | : 30 |
|---|---|---|
| 5 | | |
| 6 | | |
| 7 | | |
| 8 | | |
| 9 | | |
| 10 | | |
| 11 | | |
| 12 | | |
| 1 | | |
| 2 | | |
| 3 | | |
| 4 | | |
| 5 | | |
| 6 | | |
| 7 | | |
| 8 | | |
| 9 | | |
| 10 | | |
| 11 | | |

# DAILY TIME BOXING

**Date :** ......................................................................................................

## Top Priorities

|  |
|--|
|  |

|  |
|--|
|  |

|  |
|--|
|  |

## Brain Dump

| | : 00 | : 30 |
|----|------|------|
| 5  |      |      |
| 6  |      |      |
| 7  |      |      |
| 8  |      |      |
| 9  |      |      |
| 10 |      |      |
| 11 |      |      |
| 12 |      |      |
| 1  |      |      |
| 2  |      |      |
| 3  |      |      |
| 4  |      |      |
| 5  |      |      |
| 6  |      |      |
| 7  |      |      |
| 8  |      |      |
| 9  |      |      |
| 10 |      |      |
| 11 |      |      |

# DAILY TIME BOXING

**Date :** ........................................................

## Top Priorities

| |
|---|
| |

| |
|---|
| |

| |
|---|
| |

## Brain Dump

|      | : 00 | : 30 |
|------|------|------|
| 5    |      |      |
| 6    |      |      |
| 7    |      |      |
| 8    |      |      |
| 9    |      |      |
| 10   |      |      |
| 11   |      |      |
| 12   |      |      |
| 1    |      |      |
| 2    |      |      |
| 3    |      |      |
| 4    |      |      |
| 5    |      |      |
| 6    |      |      |
| 7    |      |      |
| 8    |      |      |
| 9    |      |      |
| 10   |      |      |
| 11   |      |      |

# DAILY TIME BOXING

**Date :** ......................................................................................

## Top Priorities

|  |
|--|
|  |
|  |
|  |

## Brain Dump

|  |
|--|

|  | : 00 | : 30 |
|----|------|------|
| 5  |      |      |
| 6  |      |      |
| 7  |      |      |
| 8  |      |      |
| 9  |      |      |
| 10 |      |      |
| 11 |      |      |
| 12 |      |      |
| 1  |      |      |
| 2  |      |      |
| 3  |      |      |
| 4  |      |      |
| 5  |      |      |
| 6  |      |      |
| 7  |      |      |
| 8  |      |      |
| 9  |      |      |
| 10 |      |      |
| 11 |      |      |

# DAILY
# TIME
# BOXING

**Date :** .......................................................................

## Top Priorities

| |
|---|
| |
| |
| |

## Brain Dump

| | : 00 | : 30 |
|---|---|---|
| 5 | | |
| 6 | | |
| 7 | | |
| 8 | | |
| 9 | | |
| 10 | | |
| 11 | | |
| 12 | | |
| 1 | | |
| 2 | | |
| 3 | | |
| 4 | | |
| 5 | | |
| 6 | | |
| 7 | | |
| 8 | | |
| 9 | | |
| 10 | | |
| 11 | | |

# DAILY TIME BOXING

**Date :** .................................................

## Top Priorities

| |
|---|
| |
| |
| |

## Brain Dump

|  | : 00 | : 30 |
|---|---|---|
| 5 | | |
| 6 | | |
| 7 | | |
| 8 | | |
| 9 | | |
| 10 | | |
| 11 | | |
| 12 | | |
| 1 | | |
| 2 | | |
| 3 | | |
| 4 | | |
| 5 | | |
| 6 | | |
| 7 | | |
| 8 | | |
| 9 | | |
| 10 | | |
| 11 | | |

# DAILY TIME BOXING

**Date :** .............................................

## Top Priorities

|  |
|---|
|  |

|  |
|---|
|  |

|  |
|---|
|  |

## Brain Dump

|  |
|---|
|  |

|     | : 00 | : 30 |
|-----|------|------|
| 5   |      |      |
| 6   |      |      |
| 7   |      |      |
| 8   |      |      |
| 9   |      |      |
| 10  |      |      |
| 11  |      |      |
| 12  |      |      |
| 1   |      |      |
| 2   |      |      |
| 3   |      |      |
| 4   |      |      |
| 5   |      |      |
| 6   |      |      |
| 7   |      |      |
| 8   |      |      |
| 9   |      |      |
| 10  |      |      |
| 11  |      |      |

# DAILY TIME BOXING

Date : .................................................

## Top Priorities

|  |
|--|
|  |
|  |

## Brain Dump

| | :00 | :30 |
|----|-----|-----|
| 5  |  |  |
| 6  |  |  |
| 7  |  |  |
| 8  |  |  |
| 9  |  |  |
| 10 |  |  |
| 11 |  |  |
| 12 |  |  |
| 1  |  |  |
| 2  |  |  |
| 3  |  |  |
| 4  |  |  |
| 5  |  |  |
| 6  |  |  |
| 7  |  |  |
| 8  |  |  |
| 9  |  |  |
| 10 |  |  |
| 11 |  |  |

# DAILY
# TIME
# BOXING

**Date :** ..................................................................................

## Top Priorities

|  |
|---|

|  |
|---|

|  |
|---|

## Brain Dump

|  |  |  |
|---|---|---|
|  | : 00 | : 30 |
| 5 |  |  |
| 6 |  |  |
| 7 |  |  |
| 8 |  |  |
| 9 |  |  |
| 10 |  |  |
| 11 |  |  |
| 12 |  |  |
| 1 |  |  |
| 2 |  |  |
| 3 |  |  |
| 4 |  |  |
| 5 |  |  |
| 6 |  |  |
| 7 |  |  |
| 8 |  |  |
| 9 |  |  |
| 10 |  |  |
| 11 |  |  |

# DAILY TIME BOXING

**Date :** ...................................................................................

## Top Priorities

|  |
|--|
|  |

|  |
|--|
|  |

|  |
|--|
|  |

## Brain Dump

|  |
|--|
|  |

| | : 00 | : 30 |
|---|---|---|
| 5 | | |
| 6 | | |
| 7 | | |
| 8 | | |
| 9 | | |
| 10 | | |
| 11 | | |
| 12 | | |
| 1 | | |
| 2 | | |
| 3 | | |
| 4 | | |
| 5 | | |
| 6 | | |
| 7 | | |
| 8 | | |
| 9 | | |
| 10 | | |
| 11 | | |

# DAILY TIME BOXING

**Date :** ........................................................

## Top Priorities

|  |
|--|
|  |

|  |
|--|
|  |

|  |
|--|
|  |

## Brain Dump

_____
_____
_____
_____
_____
_____
_____
_____
_____
_____
_____
_____
_____
_____
_____
_____
_____
_____

| | : 00 | : 30 |
|----|----|----|
| 5 | | |
| 6 | | |
| 7 | | |
| 8 | | |
| 9 | | |
| 10 | | |
| 11 | | |
| 12 | | |
| 1 | | |
| 2 | | |
| 3 | | |
| 4 | | |
| 5 | | |
| 6 | | |
| 7 | | |
| 8 | | |
| 9 | | |
| 10 | | |
| 11 | | |

# DAILY TIME BOXING

**Date :** ...........................................

## Top Priorities

|  |
|--|
|  |

|  |
|--|
|  |

|  |
|--|
|  |

## Brain Dump

| | : 00 | : 30 |
|----|------|------|
| 5 | | |
| 6 | | |
| 7 | | |
| 8 | | |
| 9 | | |
| 10 | | |
| 11 | | |
| 12 | | |
| 1 | | |
| 2 | | |
| 3 | | |
| 4 | | |
| 5 | | |
| 6 | | |
| 7 | | |
| 8 | | |
| 9 | | |
| 10 | | |
| 11 | | |

# DAILY
# TIME
# BOXING

**Date :** .................................................................

## Top Priorities

|  |
|--|
|  |

|  |
|--|
|  |

|  |
|--|
|  |

## Brain Dump

|  | : 00 | : 30 |
|--|------|------|
| 5 |  |  |
| 6 |  |  |
| 7 |  |  |
| 8 |  |  |
| 9 |  |  |
| 10 |  |  |
| 11 |  |  |
| 12 |  |  |
| 1 |  |  |
| 2 |  |  |
| 3 |  |  |
| 4 |  |  |
| 5 |  |  |
| 6 |  |  |
| 7 |  |  |
| 8 |  |  |
| 9 |  |  |
| 10 |  |  |
| 11 |  |  |

# DAILY
# TIME
# BOXING

**Date :** ......................................................

## Top Priorities

|  |
|--|
|  |

|  |
|--|
|  |

|  |
|--|
|  |

## Brain Dump

|  |
|--|
|  |

| | : 00 | : 30 |
|---|---|---|
| 5 | | |
| 6 | | |
| 7 | | |
| 8 | | |
| 9 | | |
| 10 | | |
| 11 | | |
| 12 | | |
| 1 | | |
| 2 | | |
| 3 | | |
| 4 | | |
| 5 | | |
| 6 | | |
| 7 | | |
| 8 | | |
| 9 | | |
| 10 | | |
| 11 | | |

# DAILY TIME BOXING

## Top Priorities

|  |
| --- |
|  |

|  |
| --- |
|  |

|  |
| --- |
|  |

## Brain Dump

Date : .............................................................

| | : 00 | : 30 |
| --- | --- | --- |
| 5 | | |
| 6 | | |
| 7 | | |
| 8 | | |
| 9 | | |
| 10 | | |
| 11 | | |
| 12 | | |
| 1 | | |
| 2 | | |
| 3 | | |
| 4 | | |
| 5 | | |
| 6 | | |
| 7 | | |
| 8 | | |
| 9 | | |
| 10 | | |
| 11 | | |

# DAILY TIME BOXING

**Date :** .............................................................

## Top Priorities

|  |
| --- |
|  |

|  |
| --- |
|  |

|  |
| --- |
|  |

## Brain Dump

|  |
| --- |

| | : 00 | : 30 |
| --- | --- | --- |
| 5 | | |
| 6 | | |
| 7 | | |
| 8 | | |
| 9 | | |
| 10 | | |
| 11 | | |
| 12 | | |
| 1 | | |
| 2 | | |
| 3 | | |
| 4 | | |
| 5 | | |
| 6 | | |
| 7 | | |
| 8 | | |
| 9 | | |
| 10 | | |
| 11 | | |

# DAILY
# TIME
# BOXING

**Date :** ......................................................................

## Top Priorities

|  |
|  |

|  |

|  |

## Brain Dump

|      | : 00 | : 30 |
|------|------|------|
| 5    |      |      |
| 6    |      |      |
| 7    |      |      |
| 8    |      |      |
| 9    |      |      |
| 10   |      |      |
| 11   |      |      |
| 12   |      |      |
| 1    |      |      |
| 2    |      |      |
| 3    |      |      |
| 4    |      |      |
| 5    |      |      |
| 6    |      |      |
| 7    |      |      |
| 8    |      |      |
| 9    |      |      |
| 10   |      |      |
| 11   |      |      |

# DAILY
# TIME
# BOXING

**Date :** ........................................................

## Top Priorities

|  |
|---|
|  |

|  |
|---|
|  |

|  |
|---|
|  |

## Brain Dump

|  |
|---|
|  |

|    | : 00 | : 30 |
|----|------|------|
| 5  |      |      |
| 6  |      |      |
| 7  |      |      |
| 8  |      |      |
| 9  |      |      |
| 10 |      |      |
| 11 |      |      |
| 12 |      |      |
| 1  |      |      |
| 2  |      |      |
| 3  |      |      |
| 4  |      |      |
| 5  |      |      |
| 6  |      |      |
| 7  |      |      |
| 8  |      |      |
| 9  |      |      |
| 10 |      |      |
| 11 |      |      |

# DAILY
# TIME
# BOXING

Date : ..........................................

## Top Priorities

|  |
| --- |
|  |

|  |
| --- |
|  |

|  |
| --- |
|  |

## Brain Dump

| | : 00 | : 30 |
| --- | --- | --- |
| 5 | | |
| 6 | | |
| 7 | | |
| 8 | | |
| 9 | | |
| 10 | | |
| 11 | | |
| 12 | | |
| 1 | | |
| 2 | | |
| 3 | | |
| 4 | | |
| 5 | | |
| 6 | | |
| 7 | | |
| 8 | | |
| 9 | | |
| 10 | | |
| 11 | | |

# DAILY TIME BOXING

**Date :** .......................................................................................

## Top Priorities

|  |
|  |

|  |
|  |

|  |
|  |

## Brain Dump

| | : 00 | : 30 |
|---|---|---|
| 5 | | |
| 6 | | |
| 7 | | |
| 8 | | |
| 9 | | |
| 10 | | |
| 11 | | |
| 12 | | |
| 1 | | |
| 2 | | |
| 3 | | |
| 4 | | |
| 5 | | |
| 6 | | |
| 7 | | |
| 8 | | |
| 9 | | |
| 10 | | |
| 11 | | |

# DAILY TIME BOXING

**Date :** ...............................................

## Top Priorities

| |
|---|
| |

| |
|---|
| |

| |
|---|
| |

## Brain Dump

| | : 00 | : 30 |
|---|---|---|
| 5 | | |
| 6 | | |
| 7 | | |
| 8 | | |
| 9 | | |
| 10 | | |
| 11 | | |
| 12 | | |
| 1 | | |
| 2 | | |
| 3 | | |
| 4 | | |
| 5 | | |
| 6 | | |
| 7 | | |
| 8 | | |
| 9 | | |
| 10 | | |
| 11 | | |

# DAILY TIME BOXING

**Date :** ......................................................

## Top Priorities

|  |
|--|
|  |
|  |

## Brain Dump

|  |  :00  |  :30  |
|--|-------|-------|
| 5 |  |  |
| 6 |  |  |
| 7 |  |  |
| 8 |  |  |
| 9 |  |  |
| 10 |  |  |
| 11 |  |  |
| 12 |  |  |
| 1 |  |  |
| 2 |  |  |
| 3 |  |  |
| 4 |  |  |
| 5 |  |  |
| 6 |  |  |
| 7 |  |  |
| 8 |  |  |
| 9 |  |  |
| 10 |  |  |
| 11 |  |  |

# DAILY TIME BOXING

**Date :** ......................................................................

## Top Priorities

|  |
|---|
|  |

|  |
|---|
|  |

|  |
|---|
|  |

## Brain Dump

| | : 00 | : 30 |
|---|---|---|
| 5 | | |
| 6 | | |
| 7 | | |
| 8 | | |
| 9 | | |
| 10 | | |
| 11 | | |
| 12 | | |
| 1 | | |
| 2 | | |
| 3 | | |
| 4 | | |
| 5 | | |
| 6 | | |
| 7 | | |
| 8 | | |
| 9 | | |
| 10 | | |
| 11 | | |

# DAILY
# TIME
# BOXING

**Date :** ......................................................................

## Top Priorities

| |
|---|
| |

| |
|---|
| |

| |
|---|
| |

## Brain Dump

|  | : 00 | : 30 |
|---|---|---|
| 5 | | |
| 6 | | |
| 7 | | |
| 8 | | |
| 9 | | |
| 10 | | |
| 11 | | |
| 12 | | |
| 1 | | |
| 2 | | |
| 3 | | |
| 4 | | |
| 5 | | |
| 6 | | |
| 7 | | |
| 8 | | |
| 9 | | |
| 10 | | |
| 11 | | |

# DAILY
# TIME
# BOXING

**Date :** .................................................

## Top Priorities

| |
|---|
| |

| |
|---|
| |

| |
|---|
| |

## Brain Dump

|  | : 00 | : 30 |
|---|---|---|
| 5 | | |
| 6 | | |
| 7 | | |
| 8 | | |
| 9 | | |
| 10 | | |
| 11 | | |
| 12 | | |
| 1 | | |
| 2 | | |
| 3 | | |
| 4 | | |
| 5 | | |
| 6 | | |
| 7 | | |
| 8 | | |
| 9 | | |
| 10 | | |
| 11 | | |

# DAILY TIME BOXING

**Date :** ................................................

|  | : 00 | : 30 |
|---|---|---|
| 5 | | |
| 6 | | |
| 7 | | |
| 8 | | |
| 9 | | |
| 10 | | |
| 11 | | |
| 12 | | |
| 1 | | |
| 2 | | |
| 3 | | |
| 4 | | |
| 5 | | |
| 6 | | |
| 7 | | |
| 8 | | |
| 9 | | |
| 10 | | |
| 11 | | |

## Top Priorities

## Brain Dump

# DAILY
# TIME
# BOXING

**Date :** .......................................................................................

## Top Priorities

|  |
|--|
|  |

|  |
|--|
|  |

|  |
|--|
|  |

## Brain Dump

| | : 00 | : 30 |
|---|---|---|
| 5 | | |
| 6 | | |
| 7 | | |
| 8 | | |
| 9 | | |
| 10 | | |
| 11 | | |
| 12 | | |
| 1 | | |
| 2 | | |
| 3 | | |
| 4 | | |
| 5 | | |
| 6 | | |
| 7 | | |
| 8 | | |
| 9 | | |
| 10 | | |
| 11 | | |

# DAILY TIME BOXING

**Date :** ...................................................................................

## Top Priorities

|  |
|--|
|  |

|  |
|--|
|  |

|  |
|--|
|  |

## Brain Dump

|  |
|--|
|  |

| | : 00 | : 30 |
|--|--|--|
| 5 | | |
| 6 | | |
| 7 | | |
| 8 | | |
| 9 | | |
| 10 | | |
| 11 | | |
| 12 | | |
| 1 | | |
| 2 | | |
| 3 | | |
| 4 | | |
| 5 | | |
| 6 | | |
| 7 | | |
| 8 | | |
| 9 | | |
| 10 | | |
| 11 | | |

# DAILY
# TIME
# BOXING

**Date :** ..........................................

## Top Priorities

|  |
|--|
|  |

|  |
|--|
|  |

|  |
|--|
|  |

## Brain Dump

| | : 00 | : 30 |
|---|---|---|
| 5 | | |
| 6 | | |
| 7 | | |
| 8 | | |
| 9 | | |
| 10 | | |
| 11 | | |
| 12 | | |
| 1 | | |
| 2 | | |
| 3 | | |
| 4 | | |
| 5 | | |
| 6 | | |
| 7 | | |
| 8 | | |
| 9 | | |
| 10 | | |
| 11 | | |

# DAILY TIME BOXING

**Date :** ....................................................

## Top Priorities

|  |
| --- |
|  |

|  |
| --- |
|  |

|  |
| --- |
|  |

## Brain Dump

_____
_____
_____
_____
_____
_____
_____
_____
_____
_____
_____
_____
_____
_____
_____
_____
_____
_____

| | : 00 | : 30 |
| --- | --- | --- |
| 5 | | |
| 6 | | |
| 7 | | |
| 8 | | |
| 9 | | |
| 10 | | |
| 11 | | |
| 12 | | |
| 1 | | |
| 2 | | |
| 3 | | |
| 4 | | |
| 5 | | |
| 6 | | |
| 7 | | |
| 8 | | |
| 9 | | |
| 10 | | |
| 11 | | |

# DAILY TIME BOXING

**Date :** ...................................................

## Top Priorities

|  |
|--|
|  |
|  |
|  |

## Brain Dump

| | :00 | :30 |
|----|-----|-----|
| 5  |     |     |
| 6  |     |     |
| 7  |     |     |
| 8  |     |     |
| 9  |     |     |
| 10 |     |     |
| 11 |     |     |
| 12 |     |     |
| 1  |     |     |
| 2  |     |     |
| 3  |     |     |
| 4  |     |     |
| 5  |     |     |
| 6  |     |     |
| 7  |     |     |
| 8  |     |     |
| 9  |     |     |
| 10 |     |     |
| 11 |     |     |

# DAILY TIME BOXING

**Date :** .............................................

## Top Priorities

|  |
|--|
|  |

|  |
|--|
|  |

|  |
|--|
|  |

## Brain Dump

|  |
|--|
|  |

| | : 00 | : 30 |
|---|---|---|
| 5 | | |
| 6 | | |
| 7 | | |
| 8 | | |
| 9 | | |
| 10 | | |
| 11 | | |
| 12 | | |
| 1 | | |
| 2 | | |
| 3 | | |
| 4 | | |
| 5 | | |
| 6 | | |
| 7 | | |
| 8 | | |
| 9 | | |
| 10 | | |
| 11 | | |

# DAILY
# TIME
# BOXING

**Date :** ................................................

## Top Priorities

| |
|---|
| |

| |
|---|
| |

| |
|---|
| |

## Brain Dump

|  | : 00 | : 30 |
|---|---|---|
| 5 | | |
| 6 | | |
| 7 | | |
| 8 | | |
| 9 | | |
| 10 | | |
| 11 | | |
| 12 | | |
| 1 | | |
| 2 | | |
| 3 | | |
| 4 | | |
| 5 | | |
| 6 | | |
| 7 | | |
| 8 | | |
| 9 | | |
| 10 | | |
| 11 | | |

# DAILY
# TIME
# BOXING

**Date :** .............................................................................

## Top Priorities

|  |
|--|
|  |

|  |
|--|
|  |

|  |
|--|
|  |

## Brain Dump

|          | : 00 | : 30 |
|----------|------|------|
| 5        |      |      |
| 6        |      |      |
| 7        |      |      |
| 8        |      |      |
| 9        |      |      |
| 10       |      |      |
| 11       |      |      |
| 12       |      |      |
| 1        |      |      |
| 2        |      |      |
| 3        |      |      |
| 4        |      |      |
| 5        |      |      |
| 6        |      |      |
| 7        |      |      |
| 8        |      |      |
| 9        |      |      |
| 10       |      |      |
| 11       |      |      |

# DAILY
# TIME
# BOXING

**Date :** .................................................................

## Top Priorities

| |
|---|

| |
|---|

| |
|---|

## Brain Dump

| | : 00 | : 30 |
|---|---|---|
| 5 | | |
| 6 | | |
| 7 | | |
| 8 | | |
| 9 | | |
| 10 | | |
| 11 | | |
| 12 | | |
| 1 | | |
| 2 | | |
| 3 | | |
| 4 | | |
| 5 | | |
| 6 | | |
| 7 | | |
| 8 | | |
| 9 | | |
| 10 | | |
| 11 | | |

# DAILY
# TIME
# BOXING

**Date :** ........................................................................

## Top Priorities

|  |
|--|
|  |
|  |

## Brain Dump

|     | : 00 | : 30 |
|-----|------|------|
| 5   |      |      |
| 6   |      |      |
| 7   |      |      |
| 8   |      |      |
| 9   |      |      |
| 10  |      |      |
| 11  |      |      |
| 12  |      |      |
| 1   |      |      |
| 2   |      |      |
| 3   |      |      |
| 4   |      |      |
| 5   |      |      |
| 6   |      |      |
| 7   |      |      |
| 8   |      |      |
| 9   |      |      |
| 10  |      |      |
| 11  |      |      |

Made in United States
Orlando, FL
13 November 2024

53878868R00057